公路水运工程施工班组建设与规范化管理指南

Guidelines for Organization and Standardized Management of Highway and Waterway Engineering Construction Team

交通运输部安全与质量监督管理司　组织编写

人民交通出版社股份有限公司

北　京

图书在版编目（CIP）数据

公路水运工程施工班组建设与规范化管理指南／交通运输部安全与质量监督管理司组织编写．— 北京：人民交通出版社股份有限公司，2021.9

ISBN 978-7-114-17577-0

Ⅰ．①公… Ⅱ．①交… Ⅲ．①道路工程—工程施工—施工队组—标准化管理—指南②航道工程—工程施工—施工队组—标准化管理—指南 Ⅳ．①U415．12-62②U615．1-62

中国版本图书馆 CIP 数据核字（2021）第 171026 号

Gonglu Shuiyun Gongcheng Shigong Banzu Jianshe yu Guifanhua Guanli Zhinan

书　　名：	公路水运工程施工班组建设与规范化管理指南
著　作　者：	交通运输部安全与质量监督管理司
责任编辑：	刘永超　石　遥
责任校对：	孙国靖　扈　婕
责任印制：	刘高彤
出版发行：	人民交通出版社股份有限公司
地　　址：	（100011）北京市朝阳区安定门外外馆斜街 3 号
网　　址：	http：//www.ccpcl.com.cn
销售电话：	（010）59757973
总 经 销：	人民交通出版社股份有限公司发行部
经　　销：	各地新华书店
印　　刷：	北京市密东印刷有限公司
开　　本：	880×1230　1/16
印　　张：	5
字　　数：	102 千
版　　次：	2021 年 9 月　第 1 版
印　　次：	2024 年 4 月　第 2 次印刷
书　　号：	ISBN 978-7-114-17577-0
定　　价：	50.00 元

（有印刷、装订质量问题的图书由本公司负责调换）

《公路水运工程施工班组建设与规范化管理指南》
编 审 组

审 定 组

组　　长：张继顺

副 组 长：陈岳峰　贾绍明

成　　员：冯　祁　刘永忠　王殿臣　周绪利　张家慧
　　　　　蒋　强　吴利科　顾　明　肖殿良　张　斌
　　　　　马　瑞　梁志宏　霍明远　陈　萍　李洪斌
　　　　　罗海峰　翁优灵　桂志敬　尼颖升　段金龙

编 写 组

主　　编：陈礼彪　陈　磊

副 主 编：林志平　陈思文　陈智威　刘　伟

编写人员：王亚辉　曾祥福　黄　涛　陈剑云　刘　琦　赖冠宙
　　　　　陈宁青　李军华　王　辉　周同生　朱广河　赵晓亮
　　　　　苑智江　王　涛　宋　茂　杨　波　侯　贵　张　建
　　　　　刘晓波　王学颖　李万举　刘　冬　丛铖东　李永珑
　　　　　吴　昱　李志强（中国公路建设行业协会）　李　宁
　　　　　高晓辉　王邦浩　李志强（交通运输部科学研究院）
　　　　　孙建伟　姜一州　李　伟　杨弘卿　王晓冉　赵宗智
　　　　　卢晓明　阮成堂　李　恒　林红国　唐　明　淤　龙

主编单位：福建省交通运输厅

福建省高速公路建设总指挥部

交通运输部公路科学研究所

参编单位：广东省交通运输厅

内蒙古自治区交通建设工程质量监督局

北京市道路工程质量监督站

长江航务管理局

中国交通建设集团有限公司

中交泉州高速公路公司

三明莆炎高速公路有限公司

中交一公局厦门工程有限公司

中铁十七局集团第六工程公司

广东省交通集团有限公司

广东大潮高速公路有限公司

中交第二公路工程局有限公司

内蒙古公路交通投资发展有限公司

中交一公局集团有限公司

北京华北投新机场北线高速公路有限公司

中铁十六局集团有限公司

中铁建大桥局集团有限公司

交通运输部科学研究院

中国公路建设行业协会

序

"十三五"期间是交通基础设施发展、服务水平提高和转型发展的黄金时期。当前，我国交通基础设施建设规模总量大，交通建设正处于施工高峰期，安全生产风险大、形势严峻、任务艰巨。因此，要深入贯彻落实党的十九大精神，以习近平新时代中国特色社会主义思想为指导，认真落实党中央、国务院决策部署，坚持以人民为中心，牢固树立安全发展理念，深化平安交通建设，推动改革创新，健全安全体系，坚决遏制生产安全事故，为建设交通强国提供坚实可靠的安全保障。

品质工程是践行现代工程管理发展的新要求，追求工程内在质量和外在品位的有机统一，以"优质耐久、安全舒适、经济环保、社会认可"为建设目标的公路水运工程建设成果。一直以来，交通运输部始终坚持质量第一、安全至上的理念，落实交通强国战略部署，全力推进品质工程建设，全面提升交通建设质量安全水平，更好地满足经济社会发展和人民群众安全便捷、高效出行的需要。

2018年2月1日，交通运输部办公厅印发了《品质工程攻关行动试点方案（2018—2020年）》，开展为期3年的品质工程攻关行动，旨在解决公路水运工程建设重点领域的突出问题，提炼、推广先进工程技术管理经验，完善有关工程质量安全技术标准，全面提升工程质量安全管理水平。此次攻关行动围绕"两区三厂"（生活区、办公区、钢筋加工厂、拌和厂及预制厂）建设安全标准化、桥梁预制构件质量提升、隧道施工质量安全管控能力提升、工程质量安全技术"微创新"、施工现场安全防护设施标准化、施工班组规范化管理等6方面攻关任务，分阶段形成品质工程建设质量安全管理制度或技术要求。

当前交通建设领域存在对施工班组管理重视不够，管理职责不明确，施工班组长期处于没有重点监管的状态，而一线施工班组是工程建设顺利实施、保障工程质量安全的关键因素。为此，我司组织福建、广东、北京、内蒙古等地相关单位和人员，依托试点项目和试点企业，编写了《公路水运工程施工班组建设与规范化管理指南》（以下简称《指南》）。《指南》明确了施工班组组织管理、保障体系、培训教育、作业管理、信用管理、党建工作等方面的具体要求，将公路水运工程建设项目管理层级从施工企业向用工单位、施工班组、班组人员延伸，完善了工程建设管理链条。通过班组人员实名制管理，解决班组因流动性高、结构松散而导致责任心不强、制度难以落实等问题。同时，《指南》贯彻人本化理念，围绕保障班组人员生活、生产条件，提高职业技能，增强职业道德等方面，提出系列规定或要求，以增强劳动者的获得感、幸福感和安全感。

全面推动施工班组建设和规范化管理,弘扬大国工匠精神,为交通基础设施建设培养有知识、能负责、敢创新、守纪律、讲道德的新时代产业工人。深入推进"精品建造、精细管理",为"平安百年品质工程"建设打好坚实基础,为加快建设交通强国,建设一流交通运输基础设施提供强力支撑。

交通运输部安全与质量监督管理司

2021 年 7 月

前　言

《公路水运工程施工班组建设与规范化管理指南》（以下简称《指南》）是为解决施工班组人员不稳定、结构不合理、岗位技能培养不到位、质量安全责任心不强、制度难以落实等突出问题，为打造素质优良的交通劳动者大军，引导建设工人实现专业化、产业化等目标而制定。

《指南》既考虑当下管理需求，又适度超前，立足于合同关系，充分吸收施工企业对现场施工组织的管理经验。首次明确将用工单位、施工班组、班组人员纳入管理链条；规定参建单位在班组管理中的具体职责、班组作业标准流程及相关环节的执行者；规范施工班组信用评价准则，鼓励建立公路水运施工班组实名制管理信息化平台；以职业技能培训、微改创新、工匠评选、班组文化建设等措施，培育具有专业特色的班组团队；践行以人为本发展理念，构建全方位的施工班组保障体系。同时，以福建省高速公路工地党建"6432"工作模式，强化基层党组织建设，将高流动性的班组人员凝聚在党的周围，更好推进工程建设。

鉴于编写时间较为紧迫，且编者水平有限，如有不当之处，敬请广大读者批评指正！

本书编写组
2021 年 7 月

目 录

1 总则 ………………………………………………………………… 1
2 术语 ………………………………………………………………… 2
3 施工班组组织管理 ………………………………………………… 4
   3.1 管理职责 …………………………………………………… 4
   3.2 施工班组管理架构 ………………………………………… 5
   3.3 施工班组组建 ……………………………………………… 5
   3.4 施工班组实名制管理 ……………………………………… 8
   3.5 进退场管理 ………………………………………………… 9
   3.6 合同管理 …………………………………………………… 10
4 施工班组保障体系 ………………………………………………… 11
   4.1 生活环境保障 ……………………………………………… 11
   4.2 生产环境保障 ……………………………………………… 11
   4.3 工资福利保障 ……………………………………………… 12
   4.4 激励机制保障 ……………………………………………… 13
   4.5 微改创新管理 ……………………………………………… 13
   4.6 文化建设保障 ……………………………………………… 14
   4.7 工匠团队建设 ……………………………………………… 14
   4.8 保险保障 …………………………………………………… 15
   4.9 法律援助 …………………………………………………… 15
5 施工班组培训教育 ………………………………………………… 16
   5.1 一般规定 …………………………………………………… 16
   5.2 岗前培训 …………………………………………………… 16
   5.3 在岗培训 …………………………………………………… 17
   5.4 职业技能培训 ……………………………………………… 18
6 施工班组作业管理 ………………………………………………… 19
   6.1 班组交底管理 ……………………………………………… 19
   6.2 首次作业管理 ……………………………………………… 19
   6.3 作业行为管理 ……………………………………………… 20
   6.4 隐蔽工程施工管理 ………………………………………… 22
   6.5 精细化施工管理 …………………………………………… 22

6.6	隐患排查治理	23
6.7	应急管理	24
7	**施工班组信用管理**	**25**
7.1	一般规定	25
7.2	信用评价	25
7.3	评价结果使用	26
7.4	管理监督	27
8	**施工班组党建工作**	**28**
8.1	工作架构	28
8.2	摸底调查	29
8.3	活动组织	29
8.4	战斗堡垒作用	30
8.5	党员示范	30
8.6	宣传总结	31
附录1	班组人员信息表	32
附录2	施工班组全员信息表	33
附录3	交底记录表	34
附录4	首次作业认可流程图	35
附录5	班组"三检"记录表	36
附录6	施工班组交接班记录表	37
附录7	重要隐蔽工程清单表	38
附录8	倒权重计分法	39
附录9	班组人员信用表	40
附录10	施工班组信用评价表	41
附录11	用工单位考核评价表	42
附录12	工地流动党员信息卡	43
附录13	工地流动党员管理台账	44
附录14	困难班组人员登记卡	45
附录15	困难班组人员台账	46
附录16	推荐性数据标准	47

1 总则

1.0.1 为贯彻落实《交通强国建设纲要》，规范公路水运工程施工班组建设与管理，推动公路水运工程高质量发展，依据国家和行业有关规定制定本指南。

1.0.2 本指南适用于新建、改扩建公路水运工程的施工班组建设与管理。

1.0.3 施工班组建设与管理应保障班组人员合法权益、推进产业工人队伍建设，宜采用信息服务平台进行施工班组实名制管理及信用体系建设。

1.0.4 公路水运工程建设项目应加强基层党组织建设、强化工地党建工作，发挥党支部战斗堡垒和流动党员先锋模范作用。

1.0.5 施工班组建设与管理除符合本指南要求外，尚应符合国家和行业现行有关标准的规定。

2 术语

2.0.1 施工班组
由同工种或相近工种及协作人员组成的，从事公路水运工程施工的最小作业团队。

2.0.2 班组人员
施工班组中从事现场作业的人员。

2.0.3 班组长
施工班组中担负组织、引导、协调等管理职责的负责人。

2.0.4 杂工
在施工现场从事保安、保洁等勤杂工作的非班组人员。

2.0.5 用工单位
与施工企业签订专业分包或劳务合作合同的法人单位。

2.0.6 班组技术员
班组人员中进行现场指导施工班组作业的技术人员。

2.0.7 班组安全员
班组人员中现场从事施工班组作业安全管控的专业人员。

2.0.8 项目部
施工企业为完成某项工程设立的，负责施工现场具体管理，履行相关工程合同的临时性管理机构。

2.0.9 岗前培训
班组人员进场作业前的安全生产培训教育及与之从事作业相关的操作技能、应急处置等培训。

2.0.10 在岗培训

班组人员作业期间的技能培训及安全教育。

2.0.11 职业技能培训

班组人员为取得或提高职业技能等级而参加的相关培训教育活动。

2.0.12 工地党建"6432"工作模式

"六有"：有机构、有人员、有场所、有制度、有载体、有经费。

"四亮"：亮身份、亮党旗、亮承诺、亮作为。

"三化"：属地化、协同化、信息化。

"双融"：融入建设标准化管理体系、融入地方社会发展与治理体系。

3 施工班组组织管理

3.1 管理职责

3.1.1 建设单位应督促、指导有关单位依法依规履行班组管理工作。

3.1.2 监理单位应在合同范围内依法依规对施工班组管理开展监理工作。

3.1.3 施工企业管理职责：
1 依照法律、法规、行业标准、部门规章及专业分包或劳务合作合同对用工单位进行管理。
2 建立本企业施工班组管理机构、运行责任体系和制度体系。
3 指导、监督项目部开展施工班组管理。
4 审核项目部对用工单位、施工班组的信用评价结果，建立台账档案，录入企业网站向社会公开。

3.1.4 项目部管理职责：
1 依照法律、法规、行业标准、部门规章及专业分包或劳务合作合同对用工单位进行管理。
2 根据施工企业和建设单位相关管理制度，制定施工班组管理方案，监督用工单位开展施工班组管理工作。
3 负责对本合同段的用工单位、施工班组进行信用评价，记录班组人员个人履职信息。

3.1.5 用工单位管理职责：
1 依照法律、法规、行业标准、部门规章及相关合同对施工班组进行管理。
2 具体实施施工班组组建、管理等各项工作。
3 协助做好班组或班组人员的信息录入、信用评价。

3.2 施工班组管理架构

3.2.1 项目部施工班组管理架构如图 3-1 所示。

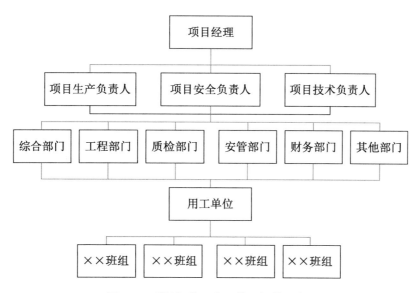

图 3-1　项目部施工班组管理架构示意图

3.2.2 用工单位施工班组管理架构如图 3-2 所示，其主要人员资格应符合国家及行业要求。

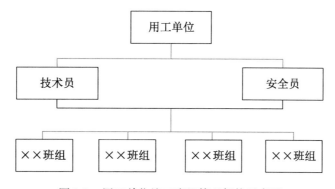

图 3-2　用工单位施工班组管理架构示意图

3.3 施工班组组建

3.3.1 施工班组应由施工企业或用工单位组建。

3.3.2 现场施工协调管理由项目部负责、用工单位派员参与。

3.3.3 项目部应结合项目进度计划和工程实际需求，编制施工班组组建方案。

3.3.4 施工班组组建方案应包含以下内容：施工班组类别、班组长履历、班组技术员和班组安全员等主要人员要求、班组工作内容、工人驻地及进场时间等。

3.3.5 用工单位应派技术员、安全员对施工班组作业进行现场安全质量管理并满足下列要求：

1 将技术员、安全员履历上报项目部审核。

2 用工单位可根据工程复杂程度，统筹安排技术员、安全员，负责多个施工班组的现场施工安全、质量及生产管理工作；当工程量较少或工序简单时，两者岗位可兼任。

3 施工班组中应设立班组技术员、班组安全员，负责班组内部作业的技术交底、质量自检、安全管理等工作，一般两者可兼任。少于10人的班组可由班组长兼任。

3.3.6 施工班组组织结构如图3-3所示。

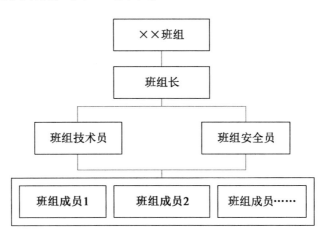

图3-3 施工班组组织结构示意图

3.3.7 技术员任职条件：

1 具有相应专业技术员及以上职称（资格条件）；

2 熟悉相关的施工图纸、规范、工艺及工序；

3 熟知工序验收质量标准及报检程序；

4 具备一定的现场协调能力。

3.3.8 安全员任职条件：

1 具有相应专业安全员及以上职称（资格条件）；

2 具有1年以上现场施工管理经验；

3 已接受安全教育和交底，具有辨识现场危险源、发现事故隐患和监督整改的能力；

4 熟知现场施工作业、相关设备的安全操作规程；

5 具备一定的现场协调能力。

3.3.9 班组长任职条件：
1 信用优良；
2 遵纪守法，无违法、违规行为；
3 年龄符合相关规定要求；
4 身体健康，能胜任本职工作；
5 具有 5 年及以上类似工程施工经验和工作技能，掌握班组各岗位操作规程，能指导班组人员作业；
6 具备组织、引导、协调等方面的管理能力。

3.3.10 施工班组命名规则
1 一般施工班组按分部分项工程划分，常见施工班组类别如表 3-1 和表 3-2 所示，用工单位可参考或自定义。
2 施工班组名称一般为"班组长姓名＋班组类别＋施工地省、区、市名称"，如，王××在福建省担任班组长的石方爆破施工班组，施工班组名称为：王××石方爆破班组（福建）。

常见施工班组类别一览表（公路工程）　　　　　　　　　　表 3-1

单位工程	常见班组类别	备 注
路基工程	土石方开挖、石方爆破、砌筑施工（挡土墙、排水沟）、锚固防护（锚杆、锚索）、涵洞通道等	可自定义班组
路面工程	水泥稳定碎石、沥青混合料的拌和、运输、摊铺施工等	
桥梁工程	桩基施工、下部结构施工（承台、系梁、墩柱、盖梁等）、钢支架、梁板预制、预应力施工、梁板架设、挂篮施工、钢筋施工、桥面系及附属工程等	
隧道工程	开挖施工、出渣施工、初期支护施工、防排水施工、二次衬砌施工、路面施工等	
绿化工程	绿化施工	
机电工程	收费安装系统、监控设施、通信工程、照明工程、电力工程等	
交通安全设施	防撞护栏施工、隔离栅施工、标志标线施工、声屏障施工、防眩板施工、防抛网施工等	
房建工程	基础施工、结构施工、装饰装修施工、水电安装等	

常见施工班组类别一览表（水运工程） 表 3-2

项 目	单位工程		班组类别
港口工程	码头工程	重力式	基槽开挖（绞吸船、抓斗船、耙吸船等）、基槽炸礁（炸礁班、清礁班）、基槽抛石（运输班、抛卸班）、基床夯实整平（爆夯班、整平潜水班、锤夯班）、钢筋绑扎（制作、安装）、模板安装（制作、安装）、混凝土浇筑（拌和、运输、浇筑）、混凝土防腐、构件吊运及安装、箱内（后）回填、倒滤层铺设、停靠船与防护设施安装等
		高桩	基槽开挖（抓斗船等）、基槽炸礁（炸礁班、清礁班）、桩基工程（冲孔班、打入桩）、钢筋绑扎（制作、安装）、模板安装（制作、安装）、混凝土浇筑（拌和、运输、浇筑）、混凝土防腐、构件吊运及安装、停靠船与防护设施安装、钢结构制作安装及防腐等
	防波堤、护岸工程		基槽开挖（抓斗船）、堤身抛填（陆运班、抛填班）、倒滤层铺设、钢筋绑扎（制作、安装）、模板安装（制作、安装）、混凝土浇筑（拌和、运输、浇筑）、护面块体安装（运输、安装）、航标等
	港池疏浚工程		疏浚（绞吸船、抓斗船、耙吸船）、炸礁（炸礁班、清礁班）
	陆域形成工程		石方工程（爆破、出运）、陆域吹填、地基处理（强夯班、振冲班、堆载预压、真空预压、卸载班、排水板插打班、水泥搅拌班、挤密砂桩等）、场地整平、预埋件（制作、安装）、模板（制作、安装）、混凝土浇筑（拌和、运输、浇筑）
	消防、环保工程		火灾报警系统安装、消防栓系统安装、环保设备安装
	电气、控制系统安装工程		电气设备安装、控制设备安装、通信和广播系统安装
航道工程	沿海、内河航道		海（河）底光缆、管线拆除、疏浚（绞吸船、抓斗船、耙吸船）、炸礁（炸礁班、清礁班）； 明渠：开挖与回填（抓斗船、抛填班）、钢筋绑扎（制作、安装）、模板安装（制作、安装）、混凝土浇筑（拌和、运输、浇筑）、挡墙等； 地基与基础、护底护滩与护脚、坝体填筑（运输、抛填）、护面、垫层与倒滤层、挡墙砌体（钢筋班组、模板班组、混凝土班组）； 岸标与水尺、浮标制作与安装、航标设备安装、标志牌及附属设施安装等
航道通航建筑物工程	船闸主体工程		基础开挖（挖机、自卸车、钻孔等）、锚杆支护（钻孔、插筋、灌浆）、排水孔［钻孔、聚氯乙烯（PVC）管安装］、钢筋绑扎（制作、安装）、模板安装（制作、安装）、混凝土浇筑（拌和、运输、浇筑）、TBS植被支护（铺设复合网、喷射绿化基材、覆盖无纺布）、固结灌浆（钻孔、灌浆）、预制梁（钢筋、模板、浇筑、预应力）、石渣回填（挖掘机、自卸车、装载机、振动碾）、金属结构（制作、预埋、安装）等

3.4 施工班组实名制管理

3.4.1 公路水运工程建设项目应实行施工班组实名制管理，包括实名登记、行为信息记录、信用评价等。

3.4.2 有条件的省（区、市）或项目，应积极应用信息化技术，创建施工班组实名制管理信息化平台，在一定范围内实现用工单位、施工班组的信息共享，并至少具备以下主要功能：

1 用工单位和施工班组信息的录入、编辑、交换、统计、查询、发布。
2 通过识别身份证、指纹、人脸识别等信息实现实名认证。
3 实现对班组人员的动态管理，如考勤、教育、交底等。
4 班组人员对其实名制信息平台信息的准确性有维权申述渠道。

3.4.3 建设单位应组织各项目部开展实名登记工作，采用分级、分类管理，按班组人员、施工班组、用工单位三类分别登记相关信息。

1 班组人员信息应包括：基本信息、工作经历、职业证书、教育培训、不良记录、表彰信息等，实行"一人一档"实名制管理，具体可参考附录1。
2 施工班组信息应包括：班组成员信息、班组业绩评价等。
3 用工单位信息应包括：用工单位基本信息、用工单位班组、用工单位业绩、生产安全事故、工资发放信息、表彰信息等。

3.5 进退场管理

3.5.1 进场管理

1 施工班组进场前，用工单位应将施工班组全员信息表（附录2）报送项目部审核备案。
2 用工单位应对班组人员实行一人一档实名管理，并及时更新。
3 班组进场作业前，项目部应派员核实班组人员信息属实后，方可进场。
4 项目部应按照规定对班组人员进行岗前教育培训，未经岗前教育或培训不合格的人员不得进入施工现场。
5 春节、国庆等重大节假日后复工，以及转岗、换岗或停工时间超过15天的班组人员应重新进行岗前安全培训。

3.5.2 班组清退

1 项目部对不满足施工现场安全、质量及环保等管理要求的施工班组或班组人员应进行再教育、再培训，连续两次仍不满足要求的应予以清退。
2 项目部对违反工程管理制度的施工班组或班组人员应进行处罚、清退。
3 项目部对滋事搅乱正常施工，造成恶劣社会影响的施工班组或班组人员应进行清退。

3.5.3 退场管理

1 班组人员、施工班组提前退场的，一般应提前15天告知用工单位。

2 退场前,所完成的施工内容应通过项目部工程、安全及合同等部门验收。

3 退场前,应退还相关的个人安全防护用品、领取的器具和工作牌等,协助及时更新个人信息。

4 用工单位应按照考勤记录提交班组人员工资单至项目部,由项目部完成结算并签订协议。

5 用工单位应配合项目部完成班组人员、施工班组、用工单位的退场手续。

3.6 合同管理

3.6.1 "施工企业在与用工单位及用工单位与班组人员签订合同时,应明确以下事项:

1 应按照相关法律、法规要求,约定各自的权利、责任与义务。

2 合同中应有保障班组人员相关权利的条款,如生活保障、激励机制、工资福利等。

3 项目部对违反工程管理、制度和办法的班组人员、施工班组,有权进行处罚、清退,用工单位应予以配合。

4 用工单位应与班组人员依法签订劳动合同,明确劳动报酬支付标准、支付周期、支付方式,及时存档并报项目部备案;班组人员发生变动时,及时签订劳动合同并更新。

5 班组人员进场后,项目部应监督用工单位向班组人员进行合同交底,使班组人员明确其在合同执行过程中的权利和义务,交底应有书面记录。

4 施工班组保障体系

4.1 生活环境保障

4.1.1 班组人员生活区应由项目部集中选址、统一规划、统一建设、统一管理，并应符合《两区三厂建设安全标准化指南》有关要求。

4.1.2 班组人员生活用房可优先租用沿线单位或民用房屋；住宿条件应满足消防要求；项目部应对生活用房进行登记管理；采用装配式房屋或活动板房的，应加强安全设计且符合消防、环保要求。

4.1.3 班组人员生活区场地及主要道路应硬化处理，排水通畅，适当绿化。

4.1.4 如饮用地下水，地下水应委托相应检测机构开展水质检测，并应符合饮用标准。

4.1.5 生活区一般设置宿舍、食堂、浴室、卫生间、小卖部、文体活动区等，并符合下列规定：
1 宿舍居住人数每间不宜超过4人，禁止通铺；宿舍应保证地面硬化、通风、防潮、取暖、降温、用电安全、采光等。
2 食堂应设置在班组人员相对集中区域，远离有害物质场所，应采用阻燃材料。
3 卫生间应男女分设，采用水冲式或移动式厕所，蹲位应相互隔离并及时清扫、定期消毒。
4 浴室应能保证冷、热水供应，排水、通风良好。
5 生活区应覆盖通信信号，并宜保障互联网络畅通。
6 生活区应提供文体活动区域。

4.2 生产环境保障

4.2.1 项目部应督促用工单位开展入场体检，及定期组织班组人员分工种进行针对性体检。

4.2.2 项目部应为班组人员统一采购符合安全技术标准的个人安全防护用品。

4.2.3 项目部应根据现场施工情况，划定或设置人员进出工点安全通道。

4.2.4 项目部应采用书面告知或现场公示的方式，将班组作业场所存在的危险源、职业健康危害因素及预防措施告知班组人员。

4.2.5 项目部应将作业场所存在的粉尘、高温、有毒有害气体等职业危害因素纳入项目环保监测，并应符合相关规定。

4.2.6 鼓励采用有利于保护工人健康的新技术、新工艺和新材料，选择清洁无害的原材料，推行自动化、机械化作业技术及装配式安全防护设施。

4.2.7 隧道钢拱架等钢筋加工、桥梁预制梁片等半成品（成品）装配件生产，以及小型预制构件等，应推行"工厂化"室内作业。

4.3 工资福利保障

4.3.1 工资管理

1 班组人员的工资支付管理应遵循"按时足额、优先支付、直接到人"原则，并应由项目部设置工资维权告知牌。

2 班组人员工资支付实行专户管理，应由施工企业或项目部委托银行统一代为支付，并由建设单位、监理单位按职责监管。

3 建设单位应按照施工合同约定或项目部提供的班组人员工资表，按时足额将人工费用拨付到农民工工资专用账户。

4 用工单位与班组人员约定的工资不得低于项目所在地最低工资标准。

5 工资发放应以经班组人员签字确认的考勤记录等为依据，用工单位设置专职或兼职计酬人员，建立工资台账，按时发放，并在施工现场明显位置公示。

6 建设单位与施工企业、施工企业与用工单位签订的相关合同中，留存的农民工工资保证金应符合《农民工工资保证金管理暂行办法》相关规定。

4.3.2 福利管理

1 工会应参照地方标准保障班组人员基本福利，如防暑降温用品、节假日慰问品等。

2 应为班组人员家属短期探访创造便利条件。

3 鼓励班组人员参与项目组织的文体活动。

4 鼓励项目部或用工单位根据工程实际，为班组人员提供交通便利。

4.4 激励机制保障

4.4.1 建设单位、施工企业应定期组织技能比武、优秀班组、优秀工人等评选。

4.4.2 项目部和用工单位获得的各类奖励资金应按约定发放至相关班组人员。

4.4.3 施工企业、项目部或用工单位应为表现优异的班组人员提供各种内部培训和外派培训机会。

4.4.4 项目建设过程中，参建单位应加强对优秀班组、优秀工人的宣传报道。

4.4.5 鼓励施工企业将职业技能好、创新能力强的班组人员吸纳为单位正式职工。

4.5 微改创新管理

4.5.1 微改创新一般可分为技术改革与创新、管理改革与创新、其他合理化建议。

4.5.2 微改创新应鼓励全员参与，发挥、调动班组人员的创造性和积极性，推动工程建设，提高经济效益和社会效益。

4.5.3 鼓励将班组人员纳入项目部、用工单位的工法创新、QC（质量控制）小组等，积极开展技术创新等活动。

4.5.4 项目部、用工单位应帮助班组人员申请专利，申报技术发明奖等，推进创新型施工班组发展。

4.5.5 项目部可选择优秀的班组人员参与技术方案的编制。

4.5.6 施工企业、项目部、用工单位应建立施工班组微改创新奖励机制，并满足以下要求：
1 根据微改创新产生的经济效益，划分奖励等级，确定奖励金额。
2 对难以计算经济效益的微改创新，可从实施效果、解决问题等方面，用综合评分方法划分奖励等级。
3 应定期组织发布微改创新成果，宜一年发布一次。

4.6 文化建设保障

4.6.1 项目部应指导用工单位,以企业文化为依托,组织开展班组文化建设。

4.6.2 班组文化建设应能弘扬新时代精神、体现行业特征;提高班组人员的职业道德素质及技术业务素质,树立良好的班组形象;培养团队合作精神,提升施工班组的凝聚力和战斗力。

4.6.3 鼓励施工班组形成具有自身作业特色的班组名片［班组名称、logo（标识）、精神、口号、公约、目标、愿景等内容］,推进班组专业化建设。

4.6.4 班组文化建设应倡导"家文化",发挥亲情感染作用,营造温馨和谐的"家庭"氛围,提升班组人员幸福感和归属感。

4.6.5 鼓励建设单位、项目部与各级行业、新闻媒体建立沟通渠道,引导社会媒体加大对班组人员的宣传报道,提升班组人员的荣誉感和获得感。

4.7 工匠团队建设

4.7.1 班组文化建设应把工匠精神塑造作为重要内容,将工匠精神的培育与教育培训结合起来。

4.7.2 具有工匠精神的首席技师,应具备以下条件:
1 在施工工艺、技术等方面具有丰富的实践经验,具备一定的理论知识,在同行业中处于较高水平的技术能手。
2 在生产岗位上突破重大技术难题,在推动工艺改造、技术革新、质量攻关等方面作用突出的首席技师。
3 善于运用个人技能技艺带领团队解决工作中的实际困难和问题,"师带徒"效果显著,帮助带动身边的班组人员共同成长进步的首席技师。
4 在传统施工作业传承创新,在平凡岗位上创造不平凡业绩的首席技师。

4.7.3 施工企业、施工单位项目部、用工单位应协同开展工匠培养、工匠团队建设工作。

4.7.4 施工企业可按专业分类建立工匠人员库,纳入储备优秀人员管理。

4.7.5 施工企业可将工匠纳入相关职业技能培训师资库。

4.7.6 具有工匠精神的首席技师三年未从事相应职业，应从工匠人员库调出。

4.7.7 推行现代学徒制度，用工单位对新进工人进行定期目标化培训，使其尽快成长为技术熟练的岗位能手，形成工匠团队。

4.7.8 鼓励用工单位、施工企业在关键岗位、核心技术领域建立技术带头人制度，设立具有工匠精神的首席技师岗位，提高工匠待遇层次。

4.8 保险保障

4.8.1 施工企业应按国家规定为班组人员缴纳工伤保险。

4.8.2 施工企业应按国家规定投保安全生产责任险。

4.8.3 按工程风险等级，鼓励购买建筑工程团体意外伤害保险。

4.8.4 发生事故伤害时，项目部应帮助受伤班组人员及时向当地社会保险行政主管部门申请工伤认定，维护受伤班组人员合法权益。

4.8.5 应加强宣传，增强班组人员保险意识，积极参保。

4.9 法律援助

4.9.1 班组人员在工程范围内合法权益受到损害寻求帮助时，参建单位应予以配合协助，帮其提供佐证材料。

4.9.2 建设单位、项目部应有熟悉业务人员接待班组人员来访，解答有关劳动法律、法规、政策。

4.9.3 班组人员与用工单位发生权益纠纷，项目部应帮助其与用工单位沟通、协调解决。

4.9.4 对涉及班组人员的重大劳动争议案件，建设单位应帮助班组人员获得地方劳动行政监察部门或地方司法局法律援助中心的支持。

5 施工班组培训教育

5.1 一般规定

5.1.1 施工班组培训教育分为岗前培训、在岗培训、职业技能培训等三类。

5.1.2 参建单位应共同保障班组人员获得与其从事工作相应的培训权利。

5.1.3 项目部统筹实施施工班组培训教育，用工单位配合项目部具体落实。

5.1.4 项目部与用工单位应结合工程实际，制订班组人员岗前教育、在岗培训计划，明确学习内容。

5.1.5 项目部应在现场建立"临时培训学校"用于施工班组培训教育；鼓励由建设单位统一规划设置集中培训教育场馆。

5.1.6 施工班组培训教育可采用视频动漫、缩尺模型、现场演示、虚拟现实技术（VR）等方式，满足不同受教育程度的班组人员需求。

5.1.7 鼓励委托专业培训机构，编制或提供各工种技能、安全培训教材，提供师资，并服务至现场。

5.2 岗前培训

5.2.1 安全生产培训教育由项目部或用工单位负责组织实施；操作技能培训由用工单位组织实施，项目部派员指导。

5.2.2 项目部、用工单位应共同制订班组人员岗前培训内容与考核计划，包括主要培训内容、培训节点、学时等要求。

5.2.3 岗前培训主要内容见表5-1。

岗前培训主要内容　　　　　　　　　　表 5-1

序　号	培训内容	备　注
1	工程建设常见事故案例	通用
2	劳动防护用品使用（安全帽、安全带）	
3	安全警示标志	
4	电气安全	
5	消防安全	
6	工伤保险	
7	职工保障	
8	工作纪律	
9	各分部分项工程施工简介	工种
10	工序技术要点、质量要点	
11	危险因素及安全防护要点	
12	职业病预防	
13	设备设施安全操作规程	
14	安全生产要点	
15	岗位技能实操	

注：表中 12、13 项为操作技能培训内容。

5.2.4 岗前培训应结合施工班组作业环境分工种开展，其中，从事Ⅲ级及以上风险等级施工作业时应增加岗前培训学时。

5.2.5 班组长的岗前培训应增加职业道德、安全风险防范与隐患排查治理、应急处置等内容。

5.2.6 项目部、用工单位在开展操作技能培训时，应根据班组人员组成情况、施工工艺特点、关键隐蔽工程、"四新应用"及高温、汛期等特殊作业时段，有针对性地组织作业培训。

5.2.7 复工、转岗的班组人员应重新进行岗前教育。

5.2.8 建设、监理单位及项目部应结合日常检查，采用现场问答、实操考核等方式抽查岗前培训实效。

5.3 在岗培训

5.3.1 在岗培训主要内容是对岗前培训相关知识的再强化、再教育，重点包括违章案例、事故案例、技能培训等。

5.3.2 用工单位应组织开展班组人员在岗培训工作，项目部应结合日常工作抽查在岗培训实效。

5.3.3 班组长应结合班组日常程序化作业流程开展班前安全教育、操作技能讲解和班后总结。

5.3.4 项目部应定期组织班组长进行在岗培训，培训内容为班组管理、操作技能、施工技术等。

5.3.5 建设单位、施工单位应根据项目特点、工程进展组织相关的技能比武、典型观摩等活动，提高班组人员现场技能实操水平。

5.4 职业技能培训

5.4.1 建设单位、施工单位、用工单位应按照相关职业技能培训规定，与人力资源和社会保障部门等相关单位建立协作机制，开展班组人员职业技能培训。

5.4.2 建设单位应对班组人员职业技能等级认证提供便利条件。

5.4.3 项目部应统计有职业技能提升需求（新增、提升职业技能等级）的班组人员情况，并汇总至建设单位。

5.4.4 施工单位应培养形成自有的、具有技工和技师的施工班组团队。

6 施工班组作业管理

6.1 班组交底管理

6.1.1 项目部应建立施工班组交底制度，并在分部分项工程开工前组织用工单位、施工班组开展班组交底并做好台账，交底记录表可参照附录3。

6.1.2 项目部应组织编制针对性强、通俗易懂、图文并茂的分部分项工程交底内容，内容应涵盖技术、质量、安全、环保、文明施工等方面的要求。

6.1.3 施工班组作业过程涉及技术难度高、重大及以上风险源和"四新技术"等事项的，宜由项目部总工程师进行技术交底。

6.1.4 当施工作业安全生产条件发生变化或施工工艺调整时，项目部应组织对施工班组进行再次交底。

6.1.5 项目部对施工班组进行交底时，班组长、班组技术员、班组安全员均应到场。

6.2 首次作业管理

6.2.1 施工班组作业实行首次作业认可制，即施工班组首次作业工序产品经质量评定合格认可后，方可进入流水作业，首次作业认可流程图可参照附录4。

6.2.2 施工班组首次作业认可制按"自下而上，分级负责"的原则，由用工单位组织实施、项目部验收审批。

6.2.3 施工班组同一工序产品两次首次作业不合格，应进行清退。

6.2.4 经认可的工序作业，在施工过程中超过三次（含）质量检查不合格，应重新进行首次作业认可。

6.2.5 当班组长变更或班组人员变更率超过 50％或生产工艺发生改变时，应重新进行首次作业认可。

6.3 作业行为管理

6.3.1 施工班组宜采用"6S"理念管理日常作业，见表 6-1。

"6S"管理理念   表 6-1

序号	事项	内容
1	整理	将作业场所内的物品区分为必要的和非必要的，非必要物品应尽快清理，防止误用、误送
2	整顿	把必要物品按照规定位置摆放，放置整齐并加以标识，提高工作效率
3	清扫	将作业场所清扫干净，使作业环境及设备、仪器、工具、材料等始终保持清洁，防止交叉污染，保证工作质量的稳定，减少作业伤害
4	清洁	不断地进行整理、整顿、清扫以维持良好的作业环境，消除异常，保持作业现场的正常状态
5	素养	坚持按章操作，养成规范作业的良好习惯
6	安全	自觉接受安全教育，提高自身安全意识，在作业中确保自身安全及使用的设备处于安全状态

6.3.2 施工班组日常作业宜采用"6 步走"管理流程，由班组长负责落实，见表 6-2。

"6 步走"管理流程   表 6-2

序号	事项	内容
1	班前宣讲	上班前对班组人员进行质量和安全提示，安排当天工作任务及分工等
2	班前检查	班前宣讲结束后，带领班组成员对安全作业条件进行检查，主要包括：个人防护用品、作业环境、操作设备安全等
3	班中巡检	根据现场情况，对设备运行状况、安全作业条件、"三违"行为等进行安全巡查；对施工班组最终的成品质量落实"三检"制度
4	班后清理	组织对作业现场进行清理，主要包括各类器具、材料放入指定地点，对工作平台、场地杂物、废料、垃圾进行清理等
5	班后交接	由班组长把当班期间设备运行、现场安全、质量及施工进度情况向下一施工班组交接
6	班后小结	班组长主持，对当班工作任务及执行安全、质量情况进行小结，总结优缺点，提出改进措施

6.3.3 安全巡查应由班组长或班组安全员负责执行，一般在当班作业中间时段进行巡查，主要巡查内容见表6-3。

安 全 巡 查 表　　　　　　表6-3

序号	内　　容	是	否
1	班组人员的状态是否良好	□	□
2	"三违"现象是否有效管控	□	□
3	安全设施是否完好	□	□
4	个体防护用品使用是否完好	□	□
5	机械设备与工具器材是否状态良好	□	□
6	作业环境是否良好	□	□
7	已发现的隐患是否整改到位	□	□

6.3.4 "三检"主要指：自检、复检、专检，三检记录表见附录5，具体检验流程如图6-1所示。

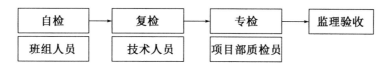

图 6-1　检验流程图

1　自检：班组人员对自己所生产的产品，按照图纸、工艺或合同中规定的技术标准要求进行自我检验，并做出是否合格的判断。

2　复检：班组人员对自己生产的产品经检验合格后，报用工单位技术（质检）员进行复检，合格后填写检查记录表，报项目部专职质检员检查。

3　专检：由项目部专职质检员或质检负责人对自检、复检所形成的成品进行检查，经检查合格后通知监理检查验收。

6.3.5 施工班组交接应满足以下要求：

1　施工班组相互交接工作时应有交接程序，并填写施工班组交接班记录表（附录6）。

2　交接班中，发现问题及时处理。

3　存在严重安全、质量问题的，应报项目部。

6.3.6 班组作业应遵守以下纪律：

1　同一班组宜集中从生活区到达作业工点，下（交）班后集中离开工点。

2　班组人员应统一着装。

3　班组人员进出作业工点应走安全通道。

4　班组人员在岗作业期间，不得私自进入其他班组作业区域。

5 班组人员不得随意移动现场标志标牌，触碰与自身作业无关的机械设备。
6 作业期间，班组人员因故离开作业工点的，应向班组长报备。

6.4 隐蔽工程施工管理

6.4.1 建设单位应结合项目实际，组织监理单位和施工单位对影响质量安全的隐蔽工程予以识别，界定本项目的重要管控工序，制定隐蔽工程施工管理与验收制度。重要隐蔽工程清单可参考附录7。

6.4.2 隐蔽工程施工应实现溯源管理，一般采用现场拍摄、影像留存等方式。

6.4.3 隐蔽工程施工过程拍摄数量不得少于相应检验批的抽检数量。

6.4.4 现场拍摄的影像应采用高清格式，采用可擦写白板标识（标识内容见图6-2），由班组人员手持，且不得遮挡拍摄主题；项目部负责拍摄。

```
××高速公路A(或B)_标段
工程名称：_____
标号及部位：_____
构件或工序描述：_____
拍摄人、拍摄时间：_____
```

图 6-2 可擦写白板标识内容

6.4.5 隐蔽工程施工留存的影像资料应按分部分项工程和拍摄时间汇编成册并归档。

6.4.6 鼓励项目部采用信息化方式实现影像留存管理。

6.5 精细化施工管理

6.5.1 参建单位应加强对工程的细小部位、工艺的细小环节、施工的细小工种、管理的细小措施等开展精细化管控，推进实现"精品建造、精细管理"。

6.5.2 项目部在制定施工组织方案时，应根据项目特点、技术要求等，明确精细化管理目标。

6.5.3 重点采取以下工程细小部位管控措施：

1 加强桥头路基沉降控制、桩基钢筋笼保护层、路基挡墙反滤层设置、边坡锚固锚筋体制作、预制梁片顶面横坡和端头封端角度、隧道防排水、沥青路面超高缓和段摊铺等部位的质量管控。

2 分段验收结构物预埋孔洞、预埋件，防止出现"错、碰、漏"现象。

3 推行构件骨架钢筋定位胎模架施工，提高现场安装精度。

4 附属工程质量管控应与主体工程同标准、同要求、同管理。

6.5.4 重点采取以下工艺细小环节管控措施：

1 项目部对复杂工序，应采用三维（3D）动漫视频、缩尺实体三维模型等方式，对工人进行精细化技术交底。

2 用工单位应对复杂工序对照设计图纸进行全流程分解，编制成作业手册，规范工序各环节作业。

3 监理单位应针对施工过程易发的质量通病，加强现场施工各环节验收管控。

6.5.5 重点采取以下施工细小工种管控措施：

1 用工单位应做好每道工序工种的培训考核，提高班组人员实操水平。

2 加强工序间各工种的协调配合，推进作业面无缝衔接。

3 加强附属工程施工人员的教育和管控，提高规范作业水平。

4 推行师带徒制度，保障每一工种施工质量的持续稳定。

6.5.6 积极推行以下施工管理细小措施：

1 推行重要工序样板展示，推进施工班组对标作业。

2 推行混凝土外观质量分级评定，提升实体工程外在品质。

3 推进智能化设备应用，减少人为施工误差，提升信息化管控水平。

4 鼓励开展机具微改创新，提高现场作业效率。

5 鼓励推广采用可视化交底制度，提高交底质量。

6.6 隐患排查治理

6.6.1 项目部应建立隐患排查治理制度，制度应包括隐患排查开展、整改、奖惩等内容。

6.6.2 项目部施工技术人员应每日对责任范围内的全部施工班组作业现场进行管理和巡查，发现问题及时处理，并做好记录。

6.6.3 用工单位技术员和安全员应每日对责任范围内的全部施工班组现场进行管理和巡查，发现问题及时处理，做好记录。

6.6.4 班组长应在每个作业评价班次至少巡查 1 次，巡查内容主要包括：

1 班组人员状态是否良好、有无"三违"评价现象、安全设施是否完好、机械设备与工具器材是否状态良好、作业环境评价是否良好、之前发现的事故隐患有无整改到位等。

2 在巡查过程中发现问题应立即整改，当场评价无法整改但可由施工班组自行完成整改的，由班组长跟踪整改完成情况。

3 施工班组自评价无法现场整改的，必要时立即停止作业，并向项目部现场管理人员报告。

6.6.5 隐患排查治理应遵循以下程序：

1 开展巡查。项目部技术员、班组长按规定每日对责任范围内的施工班组作业现场进行管理和巡查，发现问题及时记录、处理。

2 整改反馈。用工单位、班组长应组织工人积极落实参建单位发现的质量、安全等问题，及时向项目部反馈整改结果。

3 结果奖惩。项目部应根据班组日常巡查奖惩机制，对隐患排查治理工作开展效果好的优秀班组进行表彰，对整改走过场、屡整屡犯的施工班组进行惩罚。

6.7 应急管理

6.7.1 项目部、用工单位应根据现场作业内容，组织班组人员开展应急培训，组织应急演练，完善应急预案和现场处置方案，并加强班组人员急救、自救技术。

6.7.2 项目部应针对复杂地质、恶劣气象条件作业等，建立突发事件监测预警制度，积极应用信息化等手段，强化应急处突能力建设，确保突发情况发生前能迅速疏散相关人员。

7 施工班组信用管理

7.1 一般规定

7.1.1 施工企业、项目部按照公平、公正、公开的原则，开展用工单位和施工班组的信用评价及班组人员的信用管理。

7.1.2 施工企业应对用工单位、施工班组、班组长、班组人员建立信用等级红、黑名单制度，推进实行守信正向激励和失信联合惩戒。

7.2 信用评价

7.2.1 评价依据
1 交通运输主管部门发布的监督检查通报。
2 建设单位、监理单位的检查通报。
3 施工单位（项目部）对用工单位、施工班组的检查通报。
4 项目建设过程中与用工单位、施工班组、班组人员相关的表扬决定。
5 经过核实的相关举报。
6 其他与用工单位、施工班组、班组人员信用信誉有关的材料。

7.2.2 评价办法
1 项目部牵头负责施工班组、用工单位的信用评价和班组人员的信用行为登记，并及时上报上级施工企业。
2 班组人员信用管理不分等级，由项目部采用记录不良行为、表彰信息的方式进行信用管理。
3 项目部采用综合评分定级的方法对施工班组进行信用评价，每完成一个工程施工增加一条信用评价信息。
4 项目部采用综合评分定级的方法对用工单位进行信用评价。用工单位承接施工企业多个工程任务时的，由施工企业根据项目部上报的信用评分，可采用倒权重法（计算公式参见附录8）计算信用等级。

7.2.3 评价内容

1 班组人员评价内容为不良行为、表彰记录，具体参见附录9。

2 施工班组评价内容为履约行为、团队管理、教育培训、班组运转、不良行为、加分行为，具体参见附录10。

3 用工单位评价内容为班组组建、质量管理、安全管理、进度管理、培训教育、工资支付、不良行为、加分行为，具体参见附录11。

4 在一定行政区域范围内，相同类别的评价细则应保持基本一致。

7.2.4 评价周期

1 班组人员依托施工班组从个人进场施工到退场为一个记录周期。

2 施工班组一般依托单个施工合同段，以进、退场为一个评价周期。中途退场的可不予评价，若其进退场和施工过程发生不良行为的，应记入相关班组人员"不良记录"。

3 用工单位每年进行一次信用评价。

7.2.5 施工班组、用工单位信用评价等级采用百分制，分AA、A、B、C、D五个等级，各分值对应的评价等级参见表7-1。

信用等级分值对应表　　　　表7-1

分　值	评 价 等 级	备　注
95≤分值≤100	AA	红名单优先选择
85≤分值<95	A	—
75≤分值<85	B	—
60≤分值<75	C	黑名单限制行为
60分以下	D	

7.2.6 用工单位当年的信用评价结果在下一年年初由施工企业负责公布；施工班组信用等级由施工企业在班组完成一项工程施工后的两个月内发布；班组人员的信用信息可授权查询。

7.3 评价结果使用

7.3.1 对具有不良行为记录的班组人员，不得在交通建设行业从事现场管理、施工作业；对受到表彰具有良好记录的班组人员，应优先录用，并择优安排班组长、质检、现场管理等岗位。

7.3.2 施工企业在选择用工单位时，鼓励对AA级用工单位和承诺使用A级及以上施工班组的用工单位实行信用加分。

7.3.3 施工企业对信用评价等级在 C、D 级的用工单位和施工班组，在其信用等级有效期内，应限制其承揽相应类别的任务。

7.4 管理监督

7.4.1 施工企业应将施工班组、用工单位的信用评价信息在企业公司门户网站和班组信息平台（如有）公示一周，相关信用评价过程资料从公示之日起保留 1 年，以备核查。

7.4.2 班组人员、施工班组、用工单位对信用登记或信用评分、评级结果有疑义的，可向施工企业申诉、复核。

8 施工班组党建工作

8.1 工作架构

8.1.1 建设单位党组织统筹实施项目工地党建工作，突出党建统领工程建设，组织、协调、指导各参建单位工地党支部，党建工作架构图如图 8-1 所示。

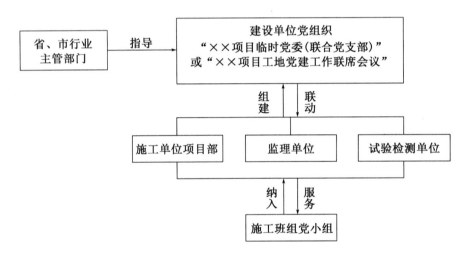

图 8-1 党建工作架构图

8.1.2 建设单位党组织为施工班组党建工作提供指引、服务，推进班组规范化管理，促进施工安全、质量、进度等目标的实现。

8.1.3 鼓励建设单位以临时党委（联合党支部）、支部联席会等形式加强基层党建工作力量、目标任务及支部活动的协同，实现党建工作全覆盖。

8.1.4 依照《中国共产党支部工作条例（试行）》要求，项目部党支部应将班组党建工作纳入其工作范畴，用工单位做好配合。

8.1.5 项目部党支部应在具备条件的班组成立党小组，或将班组党员按照就近就便原则编入既有工地党小组。

8.1.6 各参建单位应倡导"支部建在工地上、党旗飘在岗位上"口号，推行高速公路工地党建"6432"工作模式。

8.2 摸底调查

8.2.1 各参建单位工地党支部要与项目管理机构同步组建，同步配置党务工作人员，同步启动运转，同步发挥作用。

8.2.2 各工地党支部成立后，应建立班组人员党员摸底调查工作小组，开展摸底调查工作。

8.2.3 一般以项目部为单位，通过现场走访、访谈等方式，对本项目部班组人员全员摸排登记。

8.2.4 调查摸底应重点了解流动党员，同时关注班组内困难人员和复退军人情况。
  1 班组党员身份核实后，组织关系在该支部所属党委系统的，应按规定转移关系至该支部；其余党员以流动党员身份，按规定统一纳入管理，为其办理流动党员信息卡（附录12），并建立工地流动党员管理台账（附录13）。
  2 工地党支部应以班组为单位，通过座谈、走访等形式摸底班组困难人员（附录14），并建立困难班组人员管理台账（附录15）。

8.2.5 工地党支部对一线班组党员进行统一动态管理，每季度更新台账。

8.3 活动组织

8.3.1 建设单位党组织应对项目内各工地党支部开展的班组党建工作进行指导、督促。

8.3.2 项目部党支部应面向班组加强党建工作筹划与落实，并纳入工地党建年度工作计划。

8.3.3 项目部党支部应抓好班组党员的政治思想教育，做好重要文件精神的宣贯学习。

8.3.4 项目部党支部可在重要工点、班组党员集中场所，设立党建辅导站等工地党建活动场所。

8.3.5 项目部党支部应指派党支部正式党员或有经验的班组党员作为党建辅导站辅导员，带领班组党员开展组织生活或业务学习。

8.3.6 项目部党支部在开展好"三会一课"、民主评议等党内日常组织生活外，应结合工地党建"6432"工作模式要求开展好相关活动。

8.3.7 项目部党支部应重视班组入党积极分子的培养，并与入党积极分子的原籍党组织建立联动培养机制。

8.3.8 鼓励项目部党支部开展"双培"活动，通过加强班组党建，把优秀产业工人培养成党员、把班组党员培养成优秀产业工人。

8.3.9 班组党员应发挥党员的先锋模范作用，发扬党的群众工作优良传统，及时掌握班组人员和沿线群众的生产、生活诉求，宣传党的政策，促进和谐生产。

8.4 战斗堡垒作用

8.4.1 自然灾害、事故灾难或公共卫生事件等突发事件的应急处置中应充分发挥工地党支部的战斗堡垒和党员的先锋模范作用，成立以党员为主要成员的应对小组，按照属地管理原则，配合做好突发事件应对工作。

8.4.2 按照应急处置工作需要，设立党员责任区，组建党员突击队，并广泛动员群众、组织群众、凝聚群众，并按要求具体落实各项应急处置措施。

8.4.3 注重在应急处置一线发现、考查入党积极分子，表现突出、符合条件的要及时发展入党。

8.4.4 注重发现、宣传表彰在应急处置工作中涌现的先进组织、先锋班组和优秀党员，营造学习先进、争当先锋的浓厚氛围。

8.5 党员示范

8.5.1 党员应按照工地党支部的要求，在规定场合规范佩戴党员徽章。

8.5.2 工地党支部应在重要工点、集中场所设置"党员公示栏"，展示工地党组织架构图、党员照片和基本信息。

8.5.3 鼓励工地党支部以党员先锋岗、党员突击队、党员责任区等方式，促进班组党员争先创优，融入建设标准化管理体系。

8.5.4 鼓励工地党支部通过便民服务点、党员志愿服务队和流动党员义务巡逻队等创建载体，密切联系群众，参与应急管理，融入地方社会发展与治理体系。

8.5.5 鼓励班组党员参与现场质量、安全、进度管理，可采用聘任班组党员为"双员"（党群安全监督员、安全教育辅导员）等方式，促进项目建设。

8.5.6 鼓励工地党支部开展困难党员、困难班组人员帮扶，定期开展班组人员体检、慰问等活动。

8.6 宣传总结

8.6.1 工地党支部应在重要工点、集中场所设置专门的党建宣传展板，利用新媒体等手段，加强对班组党员中模范人物、先进事迹的宣传报道。

8.6.2 工地党支部应及时总结班组党建经验做法，开展典型事例的收集、整理，加强成果交流，持续探索创新。

附录1 班组人员信息表

班组人员信息表

基本信息			
姓名		手机	
身份证号		性别	
民族		年龄	
籍贯		政治面貌	
教育程度		紧急联系人姓名	
紧急联系人手机		有无重大病史	
进场退场信息			
进场时间		退场时间	
所在用工单位		所在项目部	
所在班组		岗位	
工种		职业资格证书	
劳动合同		工资卡号	
培训信息			
日期	培训内容		培训课时
信用信息			
不良记录	1.		
	2.		
表彰信息	1.		
	2.		
工资支付			
日期	金额		签字

附录 2 施工班组全员信息表

施工班组全员信息表

班组名称		班组长		申请进场时间	
计划工作内容					
用工单位管理人员	现场负责人： 班组技术（质检）员： 班组安全员：				
班组人员信息	姓名		工种	身份证号	
用工单位意见	签字（盖章）：　　　年　　月　　日				
项目部审核意见	签字（盖章）：　　　年　　月　　日				

附录3 交底记录表

××交底记录表

××交底				
用工单位		班组名称		
工程名称		交底分项工程或工序		
交底方式		交底地点		
交底时间		交底负责人		
主要内容				
交底内容				

序号	姓名	身份证	职务/岗位	工种	联系电话	备注

附录4 首次作业认可流程图

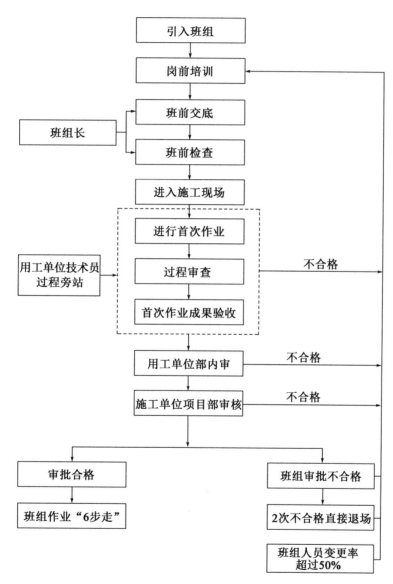

首次作业认可流程图

附录5 班组"三检"记录表

班组"三检"记录表

工程名称：

工程部位		工序名称	
自检	检查内容： 备注：依据《公路工程质量检验评定标准》要求进行自检。同时，检查安全及机械设备情况。 检查记录： 检查记录由本班施工人员提交班组技术员		检查结果： □合格 经班组人员自检本工序合格，并于年月日报班组技术员到场复验。 □不合格 处理情况： 返工或整改完毕后应采用新表格进行重新自检，并与本表一同归档。
	自检人：	检查时间：	
复检	检查内容： 备注：班组技术员依据《公路工程质量检验评定标准》要求进行复检。同时，检查安全及机械设备情况。 检查记录： 见质量检验报告单或检测记录表		检查结果： □合格 经复检本工序合格，并于年月日报质检工程师/专职质检员到场复验。 □不合格 处理情况： 返工或整改完毕后应采用新表格进行重新复检，并与本表一同归档。
	复检人：	检查时间：	
专检	检查内容： 备注：项目部质检员依据《公路工程质量检验评定标准》要求进行专检。同时，检查安全及机械设备情况。 检查记录： 如专检与自检和复检检查结果偏差大，必须重新检查和填写质量检验报告单或检查记录表。		检查结果： □合格 本工程/工序专检合格。 □不合格 处理情况： 返工或整改完毕后应采用新表格进行重新专检，并与本表一同归档。
	专检人：	检查时间：	

注：本表由用工单位负责存档。

附录6　施工班组交接班记录表

施工班组交接班记录表

一、交接内容				
序号	交接记录内容	是	否	备注
1	作业场地是否清扫干净、整洁。			
2	材料、机具和设备是否归类、复位还原。			
3	用电机具是否切断电源、关好闸箱。			
4	作业区域标示标牌是否完好。			
5	安全防护、通道是否完好。			
	……			

二、存在问题与处理措施	
存在问题	处理措施

交班班组：　　　　　接班班组：　　　　　交接日期：

注：本表由用工单位负责存档。

附录7 重要隐蔽工程清单表

重要隐蔽工程清单表

序号	单位工程	分部工程	分项工程	具体拍摄部位和内容
1	路基工程	排水工程	盲沟	施工完成后
2		土石方工程	软土地基	1.施工前；2.软基非适用材料清理完成后；3.处治过程（主要处治材料施工）；4.处治完成后
3		大型挡墙	基础	基坑开挖后检验
4			墙背填土	回填过程及填料
5		涵洞	基础	基础开挖后检验
6			填土	回填过程及填料
7			总体	全面防水施作完成后
8	桥梁工程	基础及下部构造	扩大基础	基础开挖完成后
9			墩台帽	钢筋安装完成浇筑混凝土前
10			台背填土	回填过程及填料
11		上部构造	负弯矩预应力筋	张拉后预应力筋切断前
12		现场浇筑	箱梁现浇	现浇支架模板预压
13		桥面系	桥面铺装	浮渣清理、钢筋安装后浇筑混凝土前
14			伸缩缝安装	伸缩缝钢筋安装完成后打混凝土前
15	隧道工程	辅助施工措施	超前钢管	注浆管止浆阀切割前
16		洞身衬砌	仰拱	1.仰拱支护钢架安装完成后；2.仰拱钢筋安装完成后
17			衬砌钢筋	二次衬砌钢筋安装完成后台车就位前
18		防排水	排水沟	铺底（调平层）底横向排水管
19			止水带	二次衬砌台车定位前已施工的二次衬砌止水带定位
20	路面工程	路面工程（沥青）	面层	沥青路面各结构层施工接缝处理
21			联结层	水泥混凝土基层黏层油全面效果
22			基层	1.沥青路面施工前水泥混凝土基层抛丸全面效果；2.桥隧过渡板接头处理
23			排水系统	中分带底部砂浆抹面效果

附录 8 倒权重计分法

倒权重计分法

倒权重计分法：

$$a = \sum_{i=1}^{n} ia_i \Big/ \sum_{i=1}^{n} i$$

式中，a_i 为各任务合同得分值，$i = 1$、1.5、2、2.3、2.6、2.8、3、3.2…n，2.8 之后按每 0.2 为步距，n 为任务个数，且 $a_1 \geqslant a_2 \geqslant \cdots \geqslant a_n$。

倒权重计分法算例：

（1）共有 4 个任务合同，评价分各为 100、90、100、80，则：

$$a = \frac{1 \times 100 + 1.5 \times 100 + 2 \times 90 + 2.3 \times 80}{1 + 1.5 + 2 + 2.3} = 90.3。$$

（2）共有 6 个任务合同，评价分各为 80、70、100、90、100、80，则：

$$a = \frac{1 \times 100 + 1.5 \times 100 + 2 \times 90 + 2.3 \times 80 + 2.6 \times 80 + 2.8 \times 70}{1 + 1.5 + 2 + 2.3 + 2.6 + 2.8} = 83.4。$$

附录9 班组人员信用表

班组人员信用表

行 为 内 容			保 留 时 限
不良行为	违规操作造成事故	一般事故	保留3年
		较大事故	保留3年
		重大事故	永久保留
		特别重大事故	
	拒不整改施工存在的质量、安全等行为		保留1年
	不服从管理，恐吓、辱骂、殴打管理人员，性质恶劣，造成不良影响		保留2年
	恶意制造质量、安全隐患		保留3年
	持假证上岗		保留2年
	组织或参与群体事件，造成不良社会影响		保留3年
表彰信息	获项目部通报表彰		保留1年
	获施工企业通报表彰		保留2年
	获建设单位通报表彰		保留2年
	获县级政府、行业主管部门表彰		保留3年
	获市级及以上政府、行业主管部门表彰		永久保留

附录10 施工班组信用评价表

施工班组信用评价表

项　　目	评　价　内　容	分值权重	备　　注
履约行为	班组人员、设备满足现场施工需求情况	20	
	需持证人员的持证情况		
团队管理行为	班组人员进退场信息登记情况	20	
	班组人员的稳定情况（更换率）		
	班组人员行为管理（团队协作、酗酒斗殴等）情况		
教育培训行为	班组人员"6S"管理教育情况	20	
	班组人员按规定接受岗前教育、培训情况		
班组作业	班组作业"6步走循环"执行情况	40	
	施工、监理人员等对班组作业日常巡查情况		
	施工质量安全情况		
	质量安全问题整改情况		
	实体工程抽检情况（以建设单位、交通运输主管部门及其委托的建设工程质量监督机构或行业管理部门抽检数据为准）		
不良行为	违规操作造成责任事故的	不计权重，记录班组不良信息，保留期限参考班组人员个人信用评价表	
	班组长主导的，具有附录9班组人员信用表中的不良行为		
	拒绝或阻碍公路水运建设监督检查工作		
	恶意制造质量、安全隐患		
	被建设单位及交通运输主管部门通报批评的		
加分行为	获得县级及以上管理单位（含政府、行业管理）、施工企业通报表彰	权重不超过10	
	获建设、监理单位通报表彰		
	获项目部通报表彰		

注：各评价单位可具体细化考核内容和评价指标，但不得改变项次权重，且最终评价分数应以百分制体现。

附录 11 用工单位考核评价表

用工单位考核评价表

项　　目	评 价 内 容	分值权重	备　　注
班组组建	1. 工人是否签订劳动合同 2. 是否按要求办理班组进退场手续 3. 班组信息资料按时报送及资料完整性 4. 班组长是否符合任职条件	20	
质量管理	1. 是否落实质量、技术管理制度和交底要求 2. 班组是否实行首次作业认可制 3. 出现质量问题是否及时按要求处理和整改	30	
进度管理行为	1. 是否按规定编制班组生产计划 2. 是否存在因班组人员、设备不到位而造成进度滞后	20	
安全管理行为	1. 班组人员进场前是否签订安全生产承诺书 2. 是否定期组织对班组进行安全检查和记录 3. 出现安全问题是否及时按要求处理和整改 4. 是否给班组人员发放合格的个人劳动防护用品	10	
培训教育行为	1. 是否按要求组织班组人员参加岗前技能培训 2. 是否配合项目部开展班组人员的相关教育培训	10	
工资支付	是否按规定支付班组人员工资	10	
不良行为	1. 发生质量安全责任事故的 2. 未取得或使用伪造的安全生产许可证 3. 经质监机构鉴定工程质量不合格，负主要责任的 4. 严重破坏生态环境或乱占土地施工的，造成恶劣影响 5. 违反公路水运工程建设强制性标准 6. 拒绝或阻碍公路水运工程建设监督检查工作 7. 恶意制造质量、安全隐患 8. 恶意拖欠班组人员工资，造成群体事件或不良社会影响	直接认定为 C 或 D 级	
加分行为	1. 积极参与应急抢险行动 2. 所承担工程获得市级以上荣誉称号的	权重不超过 10	

注：各评价单位可具体细化考核内容和评价指标，但不得改变项次权重，且最终评价分数应以百分制体现。

附录12 工地流动党员信息卡

编号（　　　年）第　　号

工地流动党员信息卡

登记单位：　　　　　登记人：　　　　　登记时间：　年　月　日

基本情况	流动党员	姓名		性别		年龄		民族		身份证号	
	出生日期	籍贯		联系电话		工种		所在班组			
	人员类别	正式党员□ 预备党员□		所在党支部 党组织联系人							
	加入党组织日期			转为正式党员日期				党籍状态		正常□ 停止党籍□	
	家庭地址										
活动证发放及使用情况	流入时间			发证时间				流出时间			
	验证时间			证件编号				经办人			
备注											

附录13 工地流动党员管理台账

填表单位: 　　　　　　　　　　　　　　　　　　　　　　　　　　　　　　　　**填表时间:**

工地流动党员管理台账

周期:20××年第××季度

序号	姓名	基本情况					外出情况				活动证发放及使用情况				备注
		性别	年龄	民族	入党时间	家庭住址	所属党组织联系人及电话	服务单位	流入时间	职业	通信地址及电话	党员关系验证时间	发证时间	证件编号	流出时间

附录 14 困难班组人员登记卡

困难班组人员登记卡

登记单位：　　　　　　　登记人：　　　　　　　登记时间：　　年　　月　　日

<table>
<tr><td rowspan="7">基本情况</td><td rowspan="2">困难班组人员</td><td>姓名</td><td>性别</td><td>年龄</td><td>所在班组</td><td colspan="3">家庭地址</td></tr>
<tr><td></td><td></td><td></td><td></td><td colspan="3"></td></tr>
<tr><td>进场时间</td><td colspan="2">目前个人收入</td><td>工种</td><td rowspan="6">家庭情况</td><td>姓名</td><td>与困难民工关系</td><td>年龄</td></tr>
<tr><td></td><td colspan="2"></td><td></td><td></td><td></td><td></td></tr>
<tr><td>预计退场时间</td><td>文化程度</td><td>家庭劳动力数</td><td>电话号码</td><td></td><td></td><td></td></tr>
<tr><td></td><td></td><td></td><td></td><td></td><td></td><td></td></tr>
<tr><td colspan="3">高中及以上学生数</td><td></td><td></td><td></td><td></td></tr>
<tr><td>困难类别</td><td colspan="7">□因病 □因残 □因灾 □缺乏劳动能力 □其他原因</td></tr>
<tr><td>具体困难情况</td><td colspan="7"></td></tr>
<tr><td rowspan="2">具体需求</td><td colspan="2">基本生活保障</td><td>就医</td><td>就学</td><td colspan="2">就业</td><td>其他</td></tr>
<tr><td colspan="2"></td><td></td><td></td><td colspan="2"></td><td></td></tr>
<tr><td>困难情况调查审核情况</td><td colspan="7">　　　　　　　　　　　　　　　　　　　　　　　　　　　　　责任人签字：</td></tr>
<tr><td colspan="4">帮扶工作措施</td><td colspan="2">责任人</td><td colspan="2">办理结果</td></tr>
<tr><td colspan="4"></td><td colspan="2"></td><td colspan="2"></td></tr>
</table>

附录15 困难班组人员台账

填表单位：

困难班组人员台账

填表时间：

序号	班组人员姓名	性别	所属工区	联系电话	基本户情	进场时间	预计退场时间	家庭劳动力数	家庭高中及以上学生数	主要经济来源	主要困难（出行、用电、饮水、上学、就医、就业、增收）	期盼愿望	备注

填表说明：

基本户情包括：困难群众、孤寡老人、残疾人员、外来人员、失业人员、重点对象"六大群体"；主要经济来源填写①运输业、②种植业、③养殖业、④畜牧业、⑤农业副业（挖药、野生菌、菜采集等）、⑥加工业、⑦商饮业、⑧外出务工、⑨子女给养，其他收入途径请注明。

附录 16 推荐性数据标准

附录 16.1 项目基础信息（对象名：ProjectInfo）

项目基础信息见附表 16-1。

项目基础信息表　　　　　　　　　　　　　　　　　附表 16-1

序号	中文名称	字段名称	数据类型	是否必填	备注
1	项目名称	PROJECTNAME	VARCHAR（255）	是	（1）支持中文、英文、符号输入； （2）范围 200 个字符以内
2	项目编号	PROJECTINFOCODE	VARCHAR（100）	否	全国投资项目统一编码代码，采用数字和连接符组合编码的方式生成的 24 位代码
3	项目类型	PROJECTTYPE	VARCHAR（50）	是	（1）默认值：请选择； （2）选项：土建、机电、交安、房建绿化
4	项目状态	PROJECTSTATE	VARCHAR（50）	是	（1）默认值：请选择； （2）选项：在建、完工、停工
5	项目所属建设单位	COMPANYID	VARCHAR（32）	是	（1）系统自动填充； （2）当前账号所属的建设单位
6	建设单位统一社会信用代码	OWNERUNITUSCC	VARCHAR（100）	否	18 位阿拉伯数字或大写英文字母表示，分别是 1 位登记管理部门代码、1 位机构类别代码、6 位登记管理机关行政区划码、9 位主体标识码、1 位校验码
7	工程概算额（万元）	PROJECTPROBABLYAMOUNT	DECIMAL（20,4）	否	（1）数字 30 位有效； （2）精确到 0.0001
8	建设规模（km）	CONSTRUCTIONSCALE	DECIMAL（20,3）	否	（1）范围 1~9999999.99； （2）精确到 0.001
9	建设性质	BUILDPROPERTY	VARCHAR（50）	否	（1）默认值：请选择； （2）选项：新建项目、扩建项目、迁建项目、恢复项目

续表附表 16-1

序号	中文名称	字段名称	数据类型	是否必填	备注
10	建设性质代码	BUILDPROPERTYCODE	VARCHAR（50）	否	（1）支持中文、英文、符号输入； （2）范围1~8个字符
11	技术等级	TECHLEVEL	VARCHAR（50）	否	（1）默认值：请选择； （2）选项：高速公路、一级公路、二级公路、三级公路、四级公路、其他级别
12	项目级别代码	PROJECTLEVELCODE	VARCHAR（200）	否	（1）支持中文、英文、符号输入； （2）范围1~8个字符
13	项目所在区域	PROJECTPOSITION	VARCHAR（200）	是	范围是：项目所在省、市、县信息
14	详细地址	PROJECTADDRESS	VARCHAR（255）	否	（1）支持中文、英文、符号输入； （2）范围300个字符内
15	计划开工日期	COMMENCEMENTDATE	DATE	否	计划开工日期≤当前日期
16	计划交工验收日期	FINISHWORKCHECKDATE	DATE	否	（1）项目状态：在建，停工，计划交工验收日期>当前日期； （2）项目状态：完工，计划交工验收日期≤当前日期

附录16.2 企业信息（对象名：Company）

企业信息见附表16-2。

企 业 信 息 表　　　　　　　附表16-2

序号	中文名称	字段名称	数据类型	是否必填	备注
1	企业名称	NAME	VARCHAR（255）	是	（1）支持中文、英文、符号输入； （2）范围255个字符以内
2	上级单位	UPPPERDEPTID	VARCAHR（32）	是	系统默认生成
3	社会统一信用代码	SOCIALCREDITCODE	VARCHAR（60）	是	（1）支持英文、数字输入； （2）范围60个字符以内
4	经营状态	OPERATINGSTATE	VARCHAR（10）	是	（1）正常； （2）注销
5	单位性质	COMPANYTYPE	VARCHAR（50）	是	（1）建设企业； （2）建设单位
6	联系人	LINKMAN	VARCHAR（100）	否	（1）支持中文、英文输入； （2）范围100个字符以内
7	联系人电话号码	LINKMANTELEPHONE	VARCHAR（50）	否	正确的11位手机号
8	注册地址	ADDRESS	VARCHAR（200）	否	（1）支持中文、英文、符号输入； （2）范围200个字符以内
9	法人代表姓名	LEGALPERSON	VARCHAR（100）	是	（1）支持中文、英文、符号输入； （2）范围100个字符以内
10	法人代表身份证号	IDENTITYCARDOFLEGALPERSON	VARCHAR（100）	是	（1）支持英文、数字输入； （2）范围100个字符以内
11	法人代表联系电话	TELEPHONE	VARCHAR（50）	否	正确的11位手机号
12	资质名称	QUALIFICATIONNAME	VARCHAR（300）	是	（1）支持中文、英文、符号输入； （2）范围300个字符以内
13	所属行业	BELONGINDUSTRY	VARCHAR（50）	是	（1）公路工程； （2）水运工程； （3）其他工程
14	资质等级	QUALIFICATIONLEVEL	VARCHAR（50）	是	（1）支持中文、英文、符号输入； （2）范围50个字符以内

续表附表 16-2

序号	中文名称	字段名称	数据类型	是否必填	备注
15	资质编号	QUALIFICATIONNUMBER	VARCHAR（150）	是	（1）支持中文、数字输入； （2）范围150个字符以内
16	发证机关	ISSUINGORGANSOFCOMPANYQUALI	VARCHAR（100）	是	（1）支持中文、英文、符号输入； （2）范围100个字符以内
17	发证日期	ISSUEOFCOMPANYDATE	DATE	是	发证日期＜当前日期
18	有效日期	EFFECTIVEOFCOMPANYDATE	DATE	是	有效日期＞发证日期
19	资质状态	QUALIFICATIONSTATE	VARCHAR（50）	是	（1）续存； （2）撤销； （3）注销； （4）吊销

附录16.3 单位信息（对象名：Dept）

单位信息见附表16-3。

单 位 信 息 表 附表16-3

序号	中文名称	字段名称	数据类型	是否必填	备注
1	父级ID	PARENTID	VARCHAR（200）	否	系统自动填充
2	社会统一信用代码	CODE	VARCHAR（200）	是	（1）支持英文、数字输入； （2）范围60个字符以内
3	单位名称	NAME	VARCHAR（200）	是	（1）支持英文、中文、符号输入； （2）范围200个字符以内
4	联系人姓名	LINKMAN	VARCHAR（200）	否	（1）支持英文、中文输入； （2）范围200个字符以内
5	联系人手机号	MOBILE	VARCHAR（200）	否	正确的11位手机号
6	单位地址	ADDRESS	VARCHAR（200）	是	（1）支持英文、中文、字符输入； （2）范围200个字符以内
7	电子邮箱	EMAIL	VARCHAR（200）	否	（1）支持英文、字符输入； （2）范围200个字符以内
8	单位类型	TYPE	VARCHAR（200）	是	（1）监理单位； （2）检测单位； （3）设计单位； （4）施工单位； （5）用工单位； （6）业主单位； （7）投资单位； （8）市交通运输主管部门； （9）交通集团； （10）县交通运输主管部门
9	工资专用账户账号	DEPOSITARYBANKNO	VARCHAR（50）	否	（1）支持数字输入； （2）范围200个字符以内； （3）选择无专用工资账号不需填写
10	工资专用账户名称	DEPTREGISTBANKNAME	VARCHAR（300）	否	（1）支持中文、英文、字符输入； （2）范围300个字符以内

附录16.4 工人基础信息（对象名：WorkerMaster）

工人基础信息见附表16-4。

工人基础信息表　　　　　　　　附表16-4

序号	中文名称	字段名称	数据类型	是否必填	备注
1	身份证号码	IDENTITYCODE	VARCHAR（200）	是	18位有效的身份证号
2	姓名	NAME	VARCHAR（200）	是	（1）支持中文、英文、符号输入； （2）范围100个字符以内
3	性别	SEX	VARCHAR（200）	是	（1）默认值：请选择； （2）选项：男、女
4	出生日期	BIRTHDAY	DateTime	是	出生日期与身份证上的数据一致
5	民族	NATION	VARCHAR（50）	是	（1）默认值：汉族； （2）选项：中国56个民族
6	住址信息	HOMEADDRESS	VARCHAR（200）	是	（1）支持中文、英文、符号输入； （2）范围500个字符以内
7	身份证照片路径	USERIMAGE	VARCHAR（200）	是	照片规格：358像素（宽）×441像素（高），分辨率350dpi
8	籍贯	NATIVEPALCE	VARCHAR（50）	是	（1）支持中文输入； （2）范围100个字符以内
9	联系电话	MOBILE	VARCHAR（200）	是	11位手机号码
10	工种	WORKTYPE	VARCHAR（20）	是	默认值：请选择
11	工作单位	DEPTID	VARCHAR（32）	否	（1）默认值：请选择； （2）选项：该标段下的所有用工单位和施工单位
12	所属班组	TEAMMASTERID	VARCHAR（32）	否	（1）默认值：请选择； （2）选项与工作单位选项关联； （3）选项：工作单位下的所有班组
12	进退场状态	STATE	VARCHAR（10）	否	（1）系统自动填充； （2）新增时统一为：未进场； （3）根据工人的进退场状态实时更新

续表附表 16-4

序号	中文名称	字段名称	数据类型	是否必填	备注
13	人脸信息	FACERECOGNITIONID	VARCHAR（32）	是	（1）平台在线采集； （2）状态：未录入，已录入
14	电子签名图片路径	PENPOWERIMGURL	VARCHAR（200）	否	系统自动生成
15	是否签订劳动合同	ISLABOURCONTRACT	VARCHAR（1）	是	（1）默认值：请选择； （2）选项：无，有
16	是否已完成岗前三级教育	ISCOMPLETEEDU	VARCHAR（1）	是	（1）默认值：请选择； （2）选项：是，否
17	开户行名称	BANKNAMEOFDEPOSIT	VARCHAR（255）	否	（1）支持中文、英文和符号输入； （2）范围100个字符以内
18	工资卡号	WAGECARDNO	VARCHAR（50）	是	（1）支持数字、英文和符号输入； （2）范围100个字符以内
19	紧急联系人	URGENTCONTRACTNAME	VARCHAR（50）	是	（1）支持中文、英文和符号输入； （2）范围100个字符以内
20	紧急联系电话	URGENTCONTRACTCELLPHONE	VARCHAR（50）	是	11位电话号码
21	政治面貌	POLITICSSTATUS	VARCHAR（50）	否	（1）默认值：请选择； （2）选项：群众、共青团员、中共党员、中共预备党员、民革会员、民盟盟员、民建会员、民进会员、农工党党员、致公党党员、九三学社社员、台盟盟员、无党派民主人士
22	教育程度	EDUCATION	VARCHAR（200）	否	（1）默认值：请选择； （2）选项：小学、初中、高中、中专、大专、本科、硕士和博士
23	是否购买工伤保险	ISSURANCE	VARCHAR（1）	是	（1）默认值：请选择； （2）选项：无，有
24	工伤保险单号	BUSINESSINSURANCEPOLICYNO	VARCHAR（100）	否	（1）支持中文、英文和符号输入； （2）范围100个字符以内

续表附表 16-4

序号	中文名称	字段名称	数据类型	是否必填	备注
25	健康状况	HEALTH	VARCHAR（200）	否	（1）支持中文、英文和符号输入； （2）范围100个字符以内
26	血型	BLOODTYPE	VARCHAR（20）	否	（1）默认值：请选择； （2）选项：O型、A型、B型、AB型
27	技能水平	LEVELOFSKILL	VARCHAR（20）	否	（1）默认值：请选择； （2）选项：普通、初级Ⅰ、中级Ⅰ、高级Ⅰ、技师、高级技师
28	是否为特种作业人员	SPECIALWORK	VARCHAR（1）	否	（1）默认值：请选择； （2）选项：是，否

附录16.5 班组基础信息（对象名：TeamMaster）

班组基础信息见附表16-5。

班组基础信息表　　　　　　　　　　　　　　　　　附表16-5

序号	中文名称	字段名称	数据类型	是否必填	备注
1	班组名称	NAME	VARCHAR（100）	是	（1）系统自动生成； （2）生成规则：班组长名称+班组类型+"班组"
2	所属单位	DEPTID	VARCHAR（32）	是	（1）默认值：当前账号所在项目标段的施工单位； （2）选项：当前账号所在项目标段的施工单位和其下的所有用工单位
3	班组类型	TEAMCATEGORYNAME	VARCHAR（200）	是	（1）默认值：请选择； （2）选项：与工人工种一致，具体参考工人的工种表； （3）选项增加一个"其他"选项，没有自定义类型
4	所属标段	PROJECTSECTIONINFOID	VARCHAR（32）	否	系统自动生成
5	班组长	TEAMLEADERNAME	VARCHAR（20）	是	（1）默认值：请选择； （2）从未进场工人中选一名作班组长； （3）只可以选一个
6	班组成员	TEAMMEMBERSNAME	VARCHAR（500）	是	（1）班组长是默认的班组成员； （2）支持选择多名
7	进场时间	ENTERTIME_STAMP	DATETIME	否	（1）系统自动填充； （2）取班组长的进场时间为班组进场时间
8	退场时间	EXITTIME_STAMP	DATETIME	否	新增班组，没有退场时间

附录16.6 职能部门基础信息（对象名：ManagementDept）

职能部门基础信息见附表16-6。

职能部门基础信息表　　　　　　　　　　　　附表16-6

序号	中文名称	字段名称	数据类型	是否必填	备注
1	单位名称	WORKUNIT	VARCHAR（200）	是	默认当前用户的单位名称
2	部门名称	DEPTNAME	VARCHAR（50）	是	（1）支持中文、英文、数字和符号输入； （2）范围在50个字符以内
3	负责人	DIRECTOR	VARCHAR（255）	是	（1）支持中文、英文和符号输入； （2）范围在255个字符以内
4	职能描述	DEPTFUNCTIONS	VARCHAR（500）	否	（1）支持中文、英文和符号输入； （2）范围在500个字符以内

附录 16.7 管理人员基础信息（对象名：User）

管理人员基础信息见附表 16-7。

管理人员基础信息表　　　　　　　　附表 16-7

序号	中文名称	字段名称	数据类型	是否必填	备注
1	身份证号码	IDENTITYCODE	VARCHAR（200）	是	18 位有效的身份证号
2	姓名	NAME	VARCHAR（200）	是	（1）支持中文、英文、符号输入；（2）范围200个字符以内
3	性别	SEX	VARCHAR（200）	是	（1）默认值：请选择；（2）选项：男、女
4	出生日期	BIRTHDAY	DATE	是	出生日期与身份证上的数据一致
5	民族	NATION	VARCHAR（50）	是	（1）默认值：汉族；（2）选项：中国56个民族
6	住址	HOMEADDRESS	VARCHAR（200）	是	（1）支持中文、英文、符号输入；（2）范围200个字符以内
7	身份证照片	USERIMAGE	VARCHAR（200）	是	照片规格：358像素（宽）×441像素（高），分辨率350dpi
8	籍贯	NATIVEPLACE	VARCHAR（50）	是	（1）支持中文输入；（2）范围50个字符以内
9	工作单位	WORKUNIT	VARCHAR（200）	是	（1）默认值：请选择；（2）选项：该用户所在标段下的所有用工单位和施工单位
10	联系电话	MOBILE	VARCHAR（200）	是	11位手机号码
11	部门	MANAGEMENTDEPTNAME	VARCHAR（200）	是	（1）默认值：请选择；（2）选项：与工作单位关联在工作单位下的所有部门
12	职务	JOBPOSITION	VARCHAR（200）	是	（1）支持中文输入；（2）范围200个字符以内
13	类型	USERTYPE	VARCHAR（200）	是	（1）默认值：请选择；（2）选项：管理人员、其他人员

续表附表 16-7

序号	中文名称	字段名称	数据类型	是否必填	备注
14	人脸信息	FACERECOGNITIONID	VARCHAR（32）	是	（1）平台在线采集； （2）状态：未录入，已录入
15	电子签名信息	PENPOWERIMGURL	VARCHAR（200）	否	（1）平台在线录入； （2）状态：未录入，已录入

附录 16.8 培训课程信息（对象名：Course）

培训课程信息见附表 16-8。

培训课程信息表　　　　　　　　　　　附表 16-8

序号	中文名称	字段名称	数据类型	是否必填	备注
1	视频名称	NAME	VARCHAR（50）	是	（1）支持中文、英文、符号数字输入； （2）范围 200 个字符以内
2	类别	TYPE	VARCHAR（1）	是	（1）默认值：请选择； （2）选项：从类别表获取
3	上传视频	VIDEOID	VARCHAR（1）	是	（1）从本地上传，支持上传启动/暂停，系统显示当前视频的上传状态和上传进度； （2）限制不可以超过 100MB
4	视频大小	COURSESIZE	VARCHAR（50）	是	（1）支持数字输入； （2）范围 0~100； （3）若没输入，则默认上传视频的原始大小
5	时长	HOUR	VARCHAR（50）	是	（1）支持数字输入，整数； （2）范围 0~2000； （3）若没输入，则默认上传视频的原始时长
6	视频宽度	WIDTH	VARCHAR（50）	是	（1）支持数字输入，整数； （2）范围 0~1200； （3）若没输入，则默认上传视频的原始宽度
7	视频高度	HEIGHT	VARCHAR（50）	是	（1）支持数字输入，整数； （2）范围 0~2000； （3）若没输入，则默认上传视频的原始高度
8	视频截图			是	系统自动获取

续表附表 16-8

序号	中文名称	字段名称	数据类型	是否必填	备注
9	手机图片	PHONEIMAGE	VARCHAR（200）	是	（1）从本地上传，大小限制在 10MB 以内； （2）若没输入，则默认使用视频截图
10	状态	STATUS	VARCHAR（10）	是	（1）未启用； （2）上架； （3）下架； （4）关闭

附录16.9 培训试题信息（对象名：Problem）

培训试题信息见附表16-9。

培训试题信息表　　　　　　　　　　附表16-9

序号	中文名称	字段名称	数据类型	是否必填	备注
1	试题名称	NAME	VARCAHR（100）	是	支持手动输入
2	类别	COURSECATEGORY_ID	VARCAHR（32）	是	单选，从类别表获取
3	题目类型	TYPE	INT（11）	是	单项选择，选项有单选题、多选题、判断题
4	考试类型	ARRIVALTYPE	INT（11）	否	单项选择，选项有管理人员、工人、试点题库、智能题库
5	难度	DIFFICULTY	INT（11）	是	单项选择，选项有简单、中等、困难
6	范围	SCOPE	VARCAHR（50）	是	单项选择，选项有公开、不公开
7	描述	DESCRIPTION	VARCHAR（1000）	是	手动输入
8	答案解析	ANSWEREXPLAIN	VARCHAR（1000）	否	手动输入
9	状态	STATUS	INT（10）	是	（1）未启用；（2）上架；（3）下架；（4）关闭

附录 16.10 培训计划信息（对象名：Train）

培训计划信息见附表 16-10。

培训计划信息表　　　　　　　　　　　　　　　　附表 16-10

序号	中文名称	字段名称	数据类型	是否必填	备注
1	主题	NAME	VARCHAR（50）	是	最长不可超过 50 个汉字
2	开始时间	START_TIME	DATETIME	是	结束时间大于开始时间
3	结束时间	END_TIME	DATETIME	是	结束时间大于开始时间
4	地点	PLACE	VARCHAR（100）	是	无
5	教育人	EDUCATOR	VARCHAR（50）	是	无
6	学时	COURSEHOUR	INT（11）	是	根据选择视频数量计算，每一个视频 1 个学时
7	主要内容	DESCRIPTION	TEXT	是	字数在 1000 字以内
8	附件	SESSIONID	VARCHAR（500）	否	限制大小 100MB 内容，限上传一份
9	图片	IMAGESESSIONID	VARCHAR（500）	否	限制大小 10MB 以内，限上传一张
10	视频	VIDEOID	VARCHAR（32）	是	通过视频库选择视频
11	类型	TYPE	INT（11）	是	（1）进场培训——公司级教育；（2）项目部级教育；（3）进场培训——班组级教育；（4）专题培训
12	培训方式	MODE	INT（11）	是	（1）集中培训；（2）在线培训

附录16.11 培训档案信息(对象名:Attachment)

培训档案信息见附表16-11。

培训档案信息表　　　　　　　　　　附表16-11

序号	中文名称	字段名称	数据类型	是否必填	备注
1	姓名	NAME	VARCHAR(200)	是	系统自动生成
2	类型	TYPE	INT(11)	是	(1)安全生产承诺书; (2)危险告知书; (3)入职承诺书; (4)培训档案
3	阶段	LEVEL	INT(11)	是	(1)公司级教育; (2)项目部教育; (3)班组级教育; (4)专题培训
4	附件名称	NAME	VARCHAR(200)	是	上传的附件名字,字数在200内
5	创建时间	CREATE_DATE	DATETIME	是	系统自动生成
6	修改时间	UPDATE_DATE	DATETIME	否	系统自动生成

附录16.12 考勤信息（对象名：AttendanceRecord）

考勤信息见附表16-12。

考 勤 信 息 表　　　　　　附表16-12

序号	中文名称	字段名称	数据类型	是否必填	备注
1	日期	WORKDATE	DATE	是	根据考勤时间自动生成
2	姓名	USERNAME	VARCHAR（50）	是	（1）支持中文、英文、符号输入； （2）范围50个字符以内
3	上班时间	STARTWORK	DATE	是	上班考勤时间，系统自动生成
4	下班时间	OFFWORK	DATE	是	下班考勤时间，系统自动生成
5	类型	USERTYPE	VARCHAR（50）	是	（1）工人； （2）管理人员
6	单位名称	DEPTNAME	VARCHAR（100）	是	默认为当前考勤人的单位名称

附录 16.13 施工作业人员考核评价（对象名：WorkerEvaluate）

施工作业人员考核评价见附表 16-13。

施工作业人员考核评价表　　　　　　　　附表 16-13

序号	中文名称	字段名称	数据类型	是否必填	备注
1	姓名	WORKERNAME	VARCHAR（50）	是	选择工人时系统默认填写
2	班组名	TEAMNAME	VARCHAR（50）	是	选择班组时系统默认填写
3	施工单位	CONSTRUCTUNITYNAME	VARCHAR（50）	是	系统默认填写
4	用工单位	EMPLOYUNITYNAME	VARCHAR（50）	是	系统默认填写
5	当前分值	TOTALSCORE	VARCHAR（11）	是	工人信息库-工人考核评价，该分值默认是100分，并实时同步
6	工人身份证	WORKERIDCARD	VARCHAR（64）	是	18位有效的身份证号
7	评价时间	EVALUATETIME	DATE	是	开始评价时间，工人进场开始算
8	类型	TYPE	VARCHAR（3）	是	（1）进行中； （2）已结束

附录 16.14 班组考核评价（对象名：TeamEvaluate）

班组考核评价见附表 16-14。

班组考核评价表　　　　　　　　　　　　　　　　　　　附表 16-14

序号	中文名称	字段名称	数据类型	是否必填	备注
1	班组长名	TEAMMASTERNAME	VARCHAR（50）	是	选择工人时系统默认填写
2	班组名	TEAMNAME	VARCHAR（50）	是	选择班组时系统默认填写
3	施工单位	CONSTRUCTUNITYNAME	VARCHAR（50）	是	系统默认填写
4	用工单位	EMPLOYUNITYNAME	VARCHAR（50）	是	系统默认填写
5	当前分值	TOTALSCORE	VARCHAR（11）	是	工人信息库-工人考核评价，该分值默认是100分，并实时同步
7	评价时间	EVALUATETIME	DATE	是	开始评价时间，工人进场开始算
8	类型	TYPE	VARCHAR（3）	是	（1）进行中；（2）已结束

附录 16.15 用工单位考核评价（对象名：EmployEvaluate）

用工单位考核评价见附表 16-15。

用工单位考核评价表　　　　　　　　　附表 16-15

序号	中文名称	字段名称	数据类型	是否必填	备注
1	施工单位	CONSTRUCTUNITYNAME	VARCHAR（50）	是	系统默认填写
2	用工单位	EMPLOYUNITYNAME	VARCHAR（50）	是	系统默认填写
3	当前分值	TOTALSCORE	VARCHAR（11）	是	工人信息库-工人考核评价，该分值默认是100分，并实时同步
4	评价时间	EVALUATETIME	DATE	是	开始评价时间，工人进场开始算
5	类型	TYPE	VARCHAR（3）	是	（1）进行中；（2）已结束

附录16.16 工人工资信息（对象名：WorkerDetailSalary）

工人工资信息见附表16-16。

工人工资信息表 附表16-16

序号	中文名称	字段名称	数据类型	是否必填	备注
1	姓名	WORKERNAME	VARCHAR（255）	是	工人姓名
2	工人身份证号	IDCARDNUMBER	VARCHAR（50）	是	工人身份证号
3	工资年月份	SALARYDATE	VARCHAR（32）	是	工人工资所属年月份
4	实发工资	ACTUALPAIDMONEY	DOUBLE（20）	是	实际发放工资
5	发放时间	GIVEOUTDATE	DATETIME	否	工资发放时间
6	发放状态	GIVEOUTSTATUS	VARCHAR（1）	是	工资发放状态 0：未发放 1：已发未到账 2：已到账 3：已退款 4：已失败
7	所在标段	PROJECTSECTIONINFONAME	VARCHAR（500）	否	工人所在标段名称
8	交易编号	TRANSACTIONID	VARCHAR（100）	否	交易流水编号
9	发放单位	GIVEOUTUNITNAME	VARCHAR（500）	否	工资发放单位
10	创建时间	CREATETIME	DATETIME	否	工资记录创建时间
11	班组名称	TEAMMASTERNAME	VARCHAR（255）	否	工人所属班组
12	所属单位	BELONGDEPTNAME	VARCHAR（500）	否	工人所属单位名称

附录 16.17 专户动账数据信息（对象名：AccountUsedState）

专户动账数据信息见附表 16-17。

专户动账数据信息表　　　　　　　　　　附表 16-17

序号	中文名称	字段名称	数据类型	是否必填	备注
1	单位工资专用账户账号	DEPTBANKACCOUNT	VARCHAR（100）	是	单位工资专用账户账号
2	单位工资专用账户户名	DEPTREGISTBANKNAME	VARCHAR（400）	是	单位工资专用账户户名
3	单位名称	DEPTNAME	VARCHAR（255）	是	单位名称
4	交易类别	TRANSACTIONTYPE	VARCHAR（10）	是	交易类别 0：表示出账记录 1：表示进账记录
5	交易编号	TRANSACTIONID	VARCHAR（100）	是	交易编号
6	交易时间	TRANSACTIONTIME	TIMESTAMP	否	交易时间
7	更新时间	UPDATETIME	TIMESTAMP	否	记录更新时间
8	工资年月份	SALARYDATE	VARCHAR（20）	否	工资记录所属年月份
9	交易金额	TRANSACTIONAMOUNT	DOUBLE（20）	否	交易金额
10	工资专用账户余额	ACCOUNTBALANCE	DOUBLE（20）	否	工资专用账户余额
11	资金所到账户账号	OUTTOACCOUNT	VARCHAR（200）	否	专户出账，资金所到账户账号
12	资金所到账户名称	OUTTOACCOUNTNAME	VARCHAR（255）	否	专户出账，资金所到账户名称
13	出账类别	OUTTYPE	VARCHAR（10）	否	出账类别 0：表示对专户出账 1：表示发放工资 2：专户支付产生的管理费用 3：专户扣除的管理费用 4：其他出账费用
14	资金来源账户账号	FROMACCOUNT	VARCHAR（255）	否	资金来源账户账号

续表附表 16-17

序号	中文名称	字 段 名 称	数 据 类 型	是否必填	备 注
15	资金来源账户名称	FROMACCOUNTNAME	DATE	否	资金来源账户名称
16	进账是否跨行标识	FROMTYPE	VARCHAR（10）	否	进账是否跨行标识 1：表示本行交易 0：他行转账给本行
17	收入类别	INCOMECATEGORY	VARCHAR（255）	否	工资专户的收入类别
18	出账状态	GIVEOUTSTATE	VARCHAR（1）	否	工资专户出账状态 0：未发放 1：已发放未到账 2：已到账 3：已退款 4：已失败